Harald Nordlund

Politiker!

Varför styr ni inte?

Ni håller ju i ratten

Förlag: BoD – Books on Demand, Stockholm, Sverige
Tryck: BoD – Books on Demand, Norderstedt, Tyskland
ISBN: 978-91-7851-162-4

Innehåll

Förord

"En politisk organisation är en organisation av fysiska eller juridiska personer som strävar efter inflytande inom eller makt över en samhällelig administrativ enhet på internationell, nationell, regional eller lokal nivå, eller som strävar efter att etablera en sådan administrativ enhet." (Wikipedia)

Med offentlig sektor menas skattefinansierade verksamheter underställda staten, regioner och kommuner eller andra politiska enheter. Ansvaret för offentliga sektorn inför medborgarna åvilar helt politiker.

I skriftens titel ställs en fråga som egentligen är ett påstående. Ni brister i styrningen.

Politisk styrning handlar om att besluta om hur mycket vi gemensamt ska bidra med ekonomiskt till välfärden, vilken kvalitet de gemensamma insatserna ska ha och vilka som ska komma i åtnjutande av insatserna. Besluten fattas mot bakgrund av en ideologi och efter att ha lyssnat på medborgare. Detta är emellertid bara en del av styrningen. Den andra delen består av att se till att besluten om ekonomi, kvalitet och kvantitet blir verklighet.

Statsvetenskaplig forskning visar att inom regioner (tidigare landsting) är bristen på politisk styrning mest påtaglig. Mina iakttagelser stämmer väl överens med forskningens konstateranden. Emellertid finns stora brister på även europeisk, nationell och kommunal nivå. En tydligare politikerroll skulle bidra till att underlätta rekrytering av politiker och skapa ökat förtroende bland medborgarna. Bevarandet och utvecklandet av demokratin är beroende av den viktiga politikerrollen.

Jag vill med denna skrift peka på problemen och förhoppningsvis väcka en insikt hos dagens politiker om att förändringar av politikerrollen är nödvändiga och också anvisa vad jag anser vara lösningar.

Politiker: *Vi måste spara, kosta vad det kosta vill*

Beslutsnivåer

Demokratiska beslutsnivåer
Tre nivåer

- EU
- Nationen
- Landsting/regioner, Kommuner

eller fyra nivåer

- EU
- Nationen
- Landsting/regioner
- Kommuner

I Sverige lever vi under tre politiska beslutsnivåer, Europeiska unionen, staten och regioner/kommuner.

Landsting och regioner är inte i någon fråga överordnade kommunerna; därför tre nivåer. Sett ur ett geografiskt perspektiv kan vi tala om fyra nivåer, dock inte beslutsnivåer. EU:s geografiska omfattning är större än nationens omfattning, som är större än regionernas, som i sin tur är större än kommunernas omfattning.

Ett undantag är Gotland. Där har regionen ansvar för även kommunala verksamheterna.

EU

Europeiska unionen bildades som en för Europa välbehövlig freds- och miljöorganisation. Unionen är en samarbetsunion, vilken inte ska sammanblandas med federation.
En strävan finns att skapa gemensamma värderingar med en Europeisk identitet.

Unionen ägnar sig dock åt allt fler frågor. "Unionen skall vara öppen för alla europeiska stater, som respekterar dess värderingar och förbinder sig att gemensamt befrämja dem."
Unionen bygger på värden som respekt för människans värdighet, frihet, demokrati, rättsstatsprincipen och mänskliga rättigheter."
Grundläggande mål för unionen är att den skall främja freden, hållbar utveckling och folkens frihet.
Grunden till unionen utgörs av, den så kallade, Schumanplanen, som föregicks av ett tal av Winston Churchill om sin vision om ett Europas förenta stater och av en plan av franske dåvarande chefen för ekonomisk planering, Jean Monnet. Planen utgick från att eftersom kol och stål varit orsak till konflikt mellan länderna, skulle man genom en gemensam högsta myndighet, oberoende av de två regeringarna, undvika framtida konflikter. Förslaget lades fram av den franske utrikesministern Robert Schuman 1950. Samarbetet utvidgades 1951 till att omfatta sex länder inom Europeiska kol- och stålgemenskapen. Här inleddes det samarbete, som lett fram till dagens EU. Fördraget kallas Parisfördraget och är ett fredsfördrag.

Nästa fördrag benämns Romfördraget, gällande från 1958, vilket innebär att länderna var beredda att gå vidare och skapa en gemensam marknad för alla produkter. Inte bara kol och stål. Detta fördrag reglerar också de fyra friheterna, vilka innebär fri rörlighet för personer, varor, tjänster och kapital. För den inre marknaden har man lagt fast att i samarbetet ska gälla att det ska vara enkelt att

resa, handla och flytta mellan EU-länderna. Enighet finns kring de
fyra friheterna. Europeiska gemenskapen var bildad.

De förändringar av den politiska situationen, som Europa utsattes
för under, främst, åren 1987 till 1993 ledde fram till ett behov av att
komma överens om utrikespolitik och rättsliga och inrikes frågor.
Medlemsländerna förhandlade fram ett nytt fördrag, fördraget om
Europeiska unionen, som antogs av ländernas stats- och
regeringschefer i Maastricht i december 1991. I fördraget tillkom två
nya samarbetsområden, den gemensamma utrikes- och
säkerhetspolitiken och rättsliga och inrikes frågor. Maastrichtavtalet
var fött.
EU har, från första januari 2020, 27 medlemmar.

Staten
Demokratin i Sverige skyddas av
grundlagarna. I dessa
anges reglerna för hur Sverige ska styras.
"All offentlig makt i Sverige utgår från folket
och riksdagen är folkets främsta
företrädare." Det här anges i
Regeringsformen. Sverige har fyra
grundlagar: regeringsformen,

successionsordningen, tryckfrihetsförordningen och
yttrandefrihetsgrundlagen. Dessutom finns riksdagsordningen, som
är ett mellanting mellan grundlag och vanlig lag.
Statens styrning sker med hjälp av även lagar och förordningar.
Lagar stiftas av riksdagen och förordningar utfärdas av regeringen.

Staten utgörs av riksdag, regering och cirka 350 statliga verk, bolag,
nämnder och myndigheter (de statliga myndigheterna). Riksdagen
fattar beslut, regeringen verkställer och genomför sedan besluten
med hjälp av Regeringskansliet och de statliga myndigheterna.
Lagar och förordningar får aldrig strida mot grundlag. Svenska
staten är den offentliga centralmakten i Sverige, vars organ består
av statschefen, riksdagen och regeringen, och de domstolar och

förvaltningsmyndigheter som lyder under dessa. Svenska staten är
en juridisk person och är internationellt en folkrättsligt erkänd
suveränitet. Staten har, genom riksdagen, ensam ansvar för
lagstiftning och utfärdande av förordningar. Staten har i länen
länsstyrelser. Dessa framstår mer som fristående myndigheter och
mindre som regionala statliga kontor. Härtill torde den ålderdomliga
ordningen med landshövdingar bidra starkt.

Regionen

är benämning på ett eller flera landsting
som övertagit vissa uppgifter, som statliga
myndigheter, främst länsstyrelserna hittills
skött.
En utredningskommitté,
Ansvarskommittén, har haft
uppdraget att utreda frågor om statlig
regional verksamhet och länens framtida
ansvar, struktur och antal. Kommittén

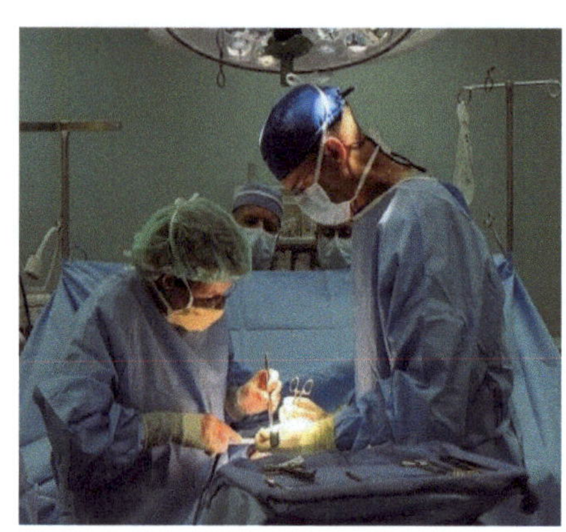

föreslog att antalet län skulle minska till mellan sex och nio.
Förslaget innebar också att länen skulle ombildas till regioner som
skulle ha ansvar för både vissa statliga uppgifter, som låg inom
länsstyrelserna, och landstingsuppgifter.
Bland annat föreslogs att varje region skulle bedriva avancerad
sjukvård inom de flesta områden, och att varje region skulle ha ett
stort universitet.
En region har konstitutionellt sett samma ställning som landstingen.
Regionen har, vid sidan av traditionella landstingsuppgifter som till
exempel hälso- och sjukvård, även ett speciellt ansvar för att
utarbeta och fastställa en strategi för länets utveckling, samt
samordna insatserna för att den strategin ska genomföras.
Regionerna beslutar om även hur vissa statliga medel för
regionalt tillväxtarbete ska användas, samt följa upp, låta
utvärdera och årligen redovisa resultaten av det regionala
tillväxtarbetet. Regionerna får dessutom utföra uppgifter inom
ramen för EU:s strukturfondsprogram och ska upprätta och
fastställa länsplaner för regional transportinfrastruktur.

Deras högsta beslutande organ är regionfullmäktige och den verkställande politiska ledningen benämns regionstyrelsen. I landstingsvalet väljer vi politiker till regionerna. (Benämns än så länge landstingsval, enligt lagstiftningen)

Kommunen
Sverige är indelat i kommuner på lokal nivå (primärkommuner) och på regional nivå i regioner.
Sveriges kommuner utgår från en kyrklig sockenindelning. Det världsliga samhället tillkom genom 1862 års kommunalförordningar, som blev lag år 1866. Man införde kommunalt självstyre.

Antalet kommuner, som skapades var 2453. Efter en kommunreform 1952 bestod Sverige av 1037 kommuner. Ytterligare reformeringar har genomförts 1971, 1991 och 2003, vilka lett fram till dagens 290 kommuner.

Vi har vad vi kallar kommunal självstyrelse, med innebörden att kommunerna bestämmer över mycket själva. Men inte helt självständigt. Staten styr kommunerna med lagar och förordningar och med statliga ekonomiska bidrag. Inom skola, vård, renhållning, vatten, avlopp och elektricitet till exempel, är den statliga styrningen i teorin tydlig.

Kommunernas och regionernas intäkter är av tre slag, kommunal skatt, statliga bidrag och avgifter.
Kommunfullmäktige, kommunens riksdag, beslutar om vilka nämnder som ska finnas och väljer ledamöter. Varje nämnd ansvarar för ett visst område, inom vilket man svarar för förvaltningen av kommunens angelägenheter och verkställighet av fullmäktiges beslut. Obligatoriska är emellertid kommunrevision och valnämnd. Nämnderna ansvarar för den löpande verksamheten inom kommunen, förbereder ärenden som ska beslutas av fullmäktige och genomför beslut som fattas i fullmäktige.

I praktiken är det tjänstemän som sköter själva genomförandet av kommuners verksamheter, men de förtroendevalda har alltid det yttersta ansvaret.

Kommunstyrelsen, kommunens regering, ansvarar för ledning och samordning av hela kommunala förvaltningen och har uppsikt över nämndernas verksamhet.

Den kommunala självstyrelsen har djupa historiska rötter. Meningen med självstyrelse är att ge människor ansvar och inflytande över gemensamma frågor. Regeringsformen erkänner självstyrelsens betydelse för den svenska folkstyrelsen. Självstyrelsen innebär att kommunerna sköter lokala eller regionala frågor och har ett stort handlingsutrymme. Självstyrelsen utövas av beslutande församlingar som utses genom allmänna val och företräder den lokala befolkningen. Kommunerna har rätt att ta ut skatt av medborgarna för att finansiera sin verksamhet. Sverige är indelat i kommuner på lokal nivå (primärkommuner) och på regional nivå (regioner).

Det kommunala självstyrelsen utgör ett hinder för centralstyrning. "Den statliga makten är uppdelad mellan riksdag som stiftar lagar, regeringen som genomför lagarna och domstolarna, som dömer utifrån lagarna. Riksdagen har också uppgiften att granska och kontrollera regeringen. Om regeringen missköter sig kan riksdagen tvinga regeringen att avgå.
Grundlagarna ger medierna och invånarna möjlighet att få insyn i hur Sverige styrs. Allt detta bidrar till att Sverige inte drabbas så mycket av korruption och maktmissbruk som många andra länder."

Alla demokratins avigsidor kan botas med mera demokrati.
Alfred Emanuel Smith

Strukturella förändringar

Offentlig sektor präglas av att många organisatoriska och strukturella förändringar har tillgripits som lösningar på styrningsproblem och för att avhjälpa brister ifråga om medborgarinflytande "Vi måste se över vår organisation. Vi kommer att se över våra rutiner. Vi har just tillsatt en utredning. Vi har gett chefen i uppdrag att återkomma med förslag på åtgärder. Kostnaderna har ökat mer än beräknat. Omständigheter omöjliga att påverka har drabbat verksamheterna." Vi har hört förklaringarna många gånger.

Konsulter för att utreda ny organisation och nya rutiner har förekommit i stor omfattning när känslor av maktlöshet infunnit sig. Intrycket av att politiskt tillkortakommande ofta dolts med abstrakta rutinbegrepp är starkt.

70-talet
* Kommunsammanslagning
* Centralisering
* Koncentrering
* Hierarki

Den statliga utredning, som låg till grund för de
kommunsammanslagningar, som avslutades 1973-1974
framhöll ett flertal brister i kommunstrukturen. Utredarna
konstaterade att kommunerna hade blivit alltmer beroende av
statsbidrag, vilket medförde en ökad statlig styrning. Man pekade
också på stora olikheter mellan kommunerna i fråga om möjligheter
att klara av sina uppgifter. Kanske var det mer en fråga om ökad
statlig styrning med hjälp av statsbidrag.
Överförande av kommunala ansvarsområden till staten eller
landstingen skulle komma att urholka självstyrelsen.
Småkommunernas utgiftskänslighet var också ett argument för de
omfattande sammanläggningarna.

Under 1970-talet var ledordet för politikerna effektivitet. Strävan
efter effektivitet tog sig uttryck i stark centralisering av ansvar och
koncentrering av verksamheter. För att hantera sådana strukturer
krävdes, ansåg man, starkt hierarkiskt uppbyggda organisationer.
Orden centralisering, koncentration och hierarki användes
dock inte flitigt av politikerna, utan vad man talade om var
nödvändigheten av att bli effektiva.

Redan i mitten av sjuttiotalet växte emellertid ett missnöje
fram hos offentligt anställda över att man inte hade
inflytande över egna verksamheter." Det är ju bara dom där
uppe som bestämmer." Även hos medborgarna kunde man
vid decennieskiftet se en reaktion mot det stora avstånd
mellan medborgarna och de förtroendevalda, som man upplevde
hade uppstått.

<table>
<tr><td>

80-talet

- Lokala organ
- Decentralisering
- Dekoncentrering
- Beställa - utföra
- Näringslivsmodeller

</td></tr>
</table>

Till följd av sådana reaktioner fick vi modeorden decentralisering och dekoncentrering. (Det senare dock inte ofta använt) Kort uttryckt handlar begreppen om att sprida ansvar och befogenheter nedåt i organisationerna respektive att sprida verksamheter geografiskt.

Dekoncentrering innebär inte nödvändigtvis att
beslut, ansvar och befogenheter flyttas nedåt i organisationen utan uttrycker en spridning geografiskt.
Över hela landet blev sådana förändringar vanliga.
Dekoncentreringen tog sig uttryck i, till exempel, bildande av lokala råd, inom vilka kommunmedborgarna gavs möjlighet att ge synpunkter på politiska frågor och i inrättande, i större kommuner, av kommundelsnämnder.
Dessa gavs ansvaret inom, vanligtvis, sektorerna skola, förskola, äldreomsorg, kultur och fritid.

Nämnderna skulle självständigt fördela resurserna utifrån deras egen bedömning av den egna kommundelens behov,
vilket innebar att skillnaderna mellan kommundelarna kunde bli stora inom en viss sektor.
I den ena kommundelen mindre ekonomiska resurser, i relativa mått, på vården av äldre och i den andra tvärtom,
beroende på hur man lokalt ville fördela resurserna.
Detta var grundtanken. Tjugo kommuner införde något slag av lokala nämnder.
Principerna för resursfördelningen skapade olika problem. I något fall utarbetades centralt i kommunen resursfördelningsmodeller, som tog hänsyn till, till exempel, social sammansättning i kommundelen. Grundidén visade sig vara svår att följa.
Efter relativt kort tid började medborgare protestera mot just att skillnader uppstod inom viss sektor. Kommundel A hade valt att avdela mer resurser till äldrevård än kommundel B, som valt att prioritera förskolan. I andra ansågs lokala organen vara ineffektiva och kostnadsdrivande. Politiskt var detta svårt att försvara, även om

en grundtanke i ett system med lokala organ var just att acceptera olikheter beroende på olikheter i behov. Grundidén om större lokalt inflytande kom att kollidera med en allt ökande centralstyrning.
De lokala organen levde kvar över millennieskiftet.
I dag har endast ett fåtal kommuner något slag av lokala politiska organ. En viktig slutsats av experimentet är att medborgerligt deltagande är bra för demokratin men inte för effektiviteten eftersom det kräver lyssnande och hänsynstagande och därför mera tid.
Medborgarmedverkan torde dock vara nödvändig om man vill uppnå trovärdighet och är därför i en demokrati det mest effektiva arbetssättet.

Under 80- och 90-talen blev, likt en väckelserörelse, målstyrning och beställa – utföraidéerna dominerande.
I beställningen uttrycktes den politiska viljan. Politiska beställarnämnder respektive politiska utförarnämnder tillsattes. I ett beställa - utförasystem uttrycker beställarnämnder vad som ska åstadkommas, i vilken omfattning och till vilken kvalitet och utförarnämnder ges ansvar för att "beställningen" effektueras.
Systemet överlevde dock inte nittiotalet, med några få undantag.
Konsulter , som fick allt fler uppdrag inom offentlig sektor, kunde nu med effektivitetsargument införa jämförelser mellan näringsliv och offentlig sektor. Försök gjordes med, till exempel, produktion av sjukvård enligt principer vid biltillverkning, Lean production. Lean är en metod för att få bort sådant, som är onödigt och som medför kostnader. Vad tillför ett värde och vad medför onödiga kostnader.
Det blev emellertid efter kort tid tydligt att tänkandet kring bilproduktion inte är tillämpbart vid vård av människor.

<table>
<tr><td>

90-talet

- Professionalisering
- Målstyrning
- Omstrukturering
- Externt utförande
- Näringslivsmodeller

</td></tr>
</table>

Politiken skulle nu tydliggöras genom formulerade mål och anställda skulle se till att verksamheterna uppfyllde målen. De två modellerna, målstyrning och beställa - utföra är lika i det att i båda systemen görs tydlig uppdelning mellan politik och verkställighet och kan ses som styrning i efterhand.

Målstyrning innebär att politiker formulerar mål, som följs upp och avvikelser mot verkligheten förutsätts leda till beslut om förändringar i syfte att nå överensstämmelse mellan mål och verklighet.

För att utforma mål krävdes emellertid en nära dialog mellan politiker och experter. Politiken kom härigenom att alltmer ledas av partiernas främsta företrädare.

Utvecklingen präglades nu av professionalisering och begreppen målstyrning och beställa – utföra. I syfte att genom konkurrensutsättning av offentlig verksamhet förbättra effektiviteten och stimulera till nya arbetsformer tog upphandling av tjänster från företag och organisationer fart; externt utförande. Avtalstexterna har emellertid inte bestått av tillräckligt tydliga krav beträffande andra mål än ekonomiska, som underlag för ansvarsutkrävande. Strävan efter vinstmaximering på bekostnad av kvalitet har ibland blivit följden. Talet om skattebetalarnas pengar till företagens vinster kommer härur.

Med externa utförare avses här det som vanligen benämns privatisering. Dock bör begreppet privat verksamhet förbehållas sådan verksamhet, som utförs utan kontakt med och utan finansiering av offentliga sektorn. Extern utförare bedriver verksamhet, som köps av någon del av offentliga sektorn.

00-talet

- Allianser
- Avideologisering
- Ifrågasättande av det representativa systemet
- Etablering av etermedia
- Internationalisering
- Lobbying

Med ökad centralisering följde en ökad fokusering inom politiken på strävan efter makten.

Ansträngningarna för bildande av allianser mellan partier blev allt tydligare och har präglat 00-talet. Allians betyder gemensam överenskommelse. Överenskommelse innebär per definition att man ger och tar, vilket för politiska partier betyder att man suddar ut den egna profilen. Syftet var att ge en bild av att i alliansen är man överens om det mesta. Detta i syfte att nå makten. Alltså en avideologisering. Härav har följt att sakfrågornas betydelse har ökat. Medborgarna har nu börjat att i ökad grad efterfråga nya vägar för att påverka beslut i sakfrågor. Det representativa systemet har börjat ifrågasättas.

Allianser är för media intressanta, då konflikterna blir tydligare än med helt självständiga partier. Andra förändringar, som i hög grad påverkar politikens förutsättningar, är en snabb utveckling av etablering av etermedia, internationalisering och ökad lobbying. Lobbyingen är inte en ny företeelse, men fortsätter att öka i omfattning.

10 - talet

- Blockpolitik
- Allians
- Avideologisering
- "Amerikanska" valrörelser

Blockpolitiken och allianskonstruktionen fortsätter att inskränka den politiska debatten under 10-talet, eftersom de alternativ partierna representerar inte belyses utan begränsas till blocken. Blockpolitik kännetecknas av att flera partier säger sig vara beredda att bilda regering och man är i opposition till sittande regering.
Ett tredje begrepp, som uttrycker samverkan mellan partier är koalition, som betecknar ett samgående i en regeringskonstellation mellan partier efter ett val.

Block skiljer sig från allians i det att när partier ingår allians reglerar man enigheten i ett antal frågor och således formaliserar enigheten. En självklar följd av allianspolitik är ökad otydlighet i de ideologiska skillnaderna mellan partierna. Avideologiseringen leder i sin tur till att partierna söker, i stället för att beskriva det framtida samhälle man strävar efter, finna konkreta frågor att profilera sig i; frågor, som man uppfattar som populära hos väljarna. Strävan efter kortsiktigt stöd blir viktigare än marknadsföring av en ideologi. När strävan efter röstmaximering blir viktigare än troheten till ideologin kan vi tala om populism.

Efter valet 2018 har en mer ovanlig form av samverkan tillämpats. Minoritetsregeringen har träffat skriftlig överenskommelse med två av oppositionspartierna i sjuttiotre politiska frågor. Innebörden av denna form av samarbete har av många medborgare missuppfattats. Men, de två partierna är inte en del av regeringen. Dessa två partier är i opposition i alla frågor utom de sjuttiotre, som avtalet omfattar.

De personer, som företräder partierna blir allt viktigare. Sökandet efter populära utspel och företrädare, som "går genom rutan" har lett till en märkbar amerikanisering av svensk politik. Personens popularitet, inte nödvändigtvis kompetens, får överskugga partiets politik.
Den ökade otydligheten i politiken har gått hand i hand med minskat politiskt ansvarstagande. Vem har ansvaret?

Tjänstemannaorganisationen har fått allt oftare stå till svars inför medborgarna, vilket i sin tur lett till att röster då och då har höjts för att i lagstiftningen införa tjänstemannaansvar, vilket, i korthet, innebär att en tjänsteman i offentlig förvaltning har ansvar för beslut i samband med myndighetsutövning, och därmed kan bli föremål för disciplinåtgärder. Bristen på kunskap hos väljarna får konsekvenser i form av röster, som höjs för att helt flytta ansvaret från politikerna till anställda experter. Politikerna har misslyckats med sin kunskapsgivande roll. Häri ligger en stor fara för demokratin.

Nu hörs i den politiska debatten allt oftare förslag såsom: låt staten ta över även driften av landets skolor, låt staten ta hela ansvaret för sjukvården och lägg ner landstingen. Häri ligger antingen en tro på statens större förmåga att svara för dagliga driftsfrågor eller en tro på att statens tillkortakommande i styrningen kompenseras av att den får totalansvaret.

Det statliga ansvaret för även dagliga driftfrågor ses ibland som en garanti för att verksamheten blir jämlik över landet eftersom statens ansvar omfattar just hela landet.

Efteråt är alla kloka (Svenskt ordspråk)

Politiska partier

Partiernas huvuduppgifter

- Utforma ideologisk plattform
- Skapa en berättelse
- Opinionsbilda
- Lyssna
- Kommunicera ställningstaganden
- Rekrytera politiker
- Samla människor med samma grundsyn

"Ett politiskt parti är en organisation med medlemmar som har liknande idéer och som vill påverka i ett land", anges i uppslagsverk. Gäller samma bevekelsegrund, för val av parti, för väljaren i allmänhet som för de som väljer att representera ett parti? Tecken finns på att drivkraften för att ägna sig åt politiskt arbete i allt fler fall är annan än ideologisk. Partierna spelar i hög grad rollen som plattform för karriär. Tillfälligheter såsom vilket parti, som råkat

tillfråga om eller erbjuda politiskt uppdrag tycks spela en inte
obetydlig roll.
Ett politiskt förtroendeuppdrag är ett uppdrag givet, direkt
eller indirekt, av folket i allmänna val.

Våra politiska partier, inom vilka de förtroendevalda utses och
verkar, utvecklades ur en ide om hur samhället skulle vara.
Med demokratins genombrott samt genom social, ekonomisk och
teknisk utveckling av det svenska samhället har mycket förändrats
och de ursprungligen stora skillnaderna mellan partierna försvunnit
eller radikalt förändrats. Därmed har också kravet på tydliga mål för
den politiska verksamheten ökat. Det har blivit om möjligt ännu
viktigare att tydligt beskriva vad man arbetar för och vill uppnå, vad
som är partiets främsta idéer och vad som skiljer det från andra
partier. Politiken blir de beslut, som man vill åstadkomma. Politiken
är såväl principer och målsättningar som aktiviteter och
verkställighet. Detta är ett arbete som bäst sker i förtroendefull
samverkan mellan politiker och experter.

Ett villkor för en levande demokrati är en aktiv
medborgarmedverkan. För att åstadkomma detta krävs först och
främst aktiva och förändringsbenägna politiker med god kunskap
inom sitt verksamhetsområde, stort tålamod och en förmåga att
lyssna såväl på fackkunskap som på väljare.Upplevelsen är att vi
idag fjärmar oss alltmer ifrån en sådan medverkan.
Ett partis huvudsakliga uppgifter måste anses vara att utgöra
ideologisk hemvist, skapa opinion för sin ideologi och att föra dialog
med medborgarna om vägar till förverkligande av sina idéer. Utan
en tydlig berättelse om vilket samhälle man vill skapa blir dialogen
meningslös, och omvänt, utan dialog förblir politiken endast
teoretisk.
Berättelsen är den plattform, som ett parti står på och som inte är
förhandlingsbar.

Om vi ska kunna betrakta ett samhälle som demokratiskt är

en förutsättning att det finns politiska partier. Detta är ett nästan sant påstående. Det finns alternativ i form av direktdemokrati. Sådan kan fungera endast om alla, som har rösträtt kan delta i alla omröstningar och också att möjligheten att utkräva ansvar finns. Det måste också finnas möjligheter att sätta sig in i de frågor, som man ska ta ställning till. Dessa villkor får emellertid ses som, oftast, omöjliga att skapa.

Innan partierna bildades invaldes man utifrån, främst, position i samhället. Riksdagsledamöterna började under slutet av 1800-talet att bilda riksdagsgrupper, som en bit in på 1900-talet övergick till att bli politiska partier. Vid tiden för riksdagsbeslutet om kvinnlig rösträtt, 1921, fanns fem politiska partier.

Partierna måste ta ett ansvar för att utveckla demokratin i meningen att involvera medborgarna i den process, som ska leda fram till beslut. Förutsättningarna för en sådan, både önskvärd och nödvändig, utveckling är störst inom kommunerna. Den sker inte på den nationella nivån och i ännu, om möjligt, mindre grad på den Europeiska nivån.
Jag vill ange sex viktiga uppgifter för ett politiskt parti.
För att partiet ska vara trovärdigt måste det beskriva hur den ideologiska plattformen ser ut. Vilka är byggstenarna i plattformen? Utan en sådan plattform bör man inte kalla sig ett politiskt parti. Ett parti, som har en enda fråga, som man har på sin agenda bör betraktas som föreningen för…..

Den andra viktiga uppgiften är opinionsbildning. Vad som står på stenarna i den politiska plattformen måste göras känt för medborgarna. Det är för att förverkliga det som står där, som vi finns, ska opinionsbildarna säga.

Står inte detta i motsats till en ambition att lyssna på medborgarna? Nej, inte alls.
På vägen till skapandet av det samhälle, som den ideologiska plattformen är uttryck för, finns olika vägar att välja utan att kliva av

från plattformen. Det är inför dessa vägval, som lyssnandet, den tredje uppgiften, kommer in och som bidrar till att utveckla demokratin.

Det ställningstagande partiet gör är ett resultat av lyssnandet utan att ändra i den ideologiska plattformen. Dock får partiet inte avstå från att kommunicera sina ställningstaganden. Man måste finna vägar att berätta för medborgarna om bevekelsegrunderna för sina ställningstaganden. Här ser vi ett politiskt partis fjärde viktiga uppgift. Vilka är det då, som ska göra jobbet? Jo, partiernas företrädare och medlemmar.
Men dessa kommer, förvisso i några fall, efter eget övervägande, och anmäler sig som intresserade. Dock måste ett parti se bland sina uppgifter rollerna som politikerrekryterare och som samordnare för människor, som har samma grundsyn, den femte respektive sjätte uppgiften.
De partier, som spelar dessa sex roller ärligt och tydligt vinner respekt. Det är inte självklart att man blir stora, vilket ju är beroende av texterna på byggstenarna i den ideologiska plattformen, av det sätt man kommunicerar med medborgarna på och av hur många som omfattar partiets idéer.

Visa färg före val, sök bilda regering efter val. Dock torde resonemanget ovan ifrågasättas av en del. Ett parti kan ju ha en enda fråga, som man bildat partiet för. Någon ideologisk plattform erfordras knappast och är inte heller möjlig. Sådana partier finner vi på regional och lokal nivå. Vi skiljer dessa åt genom att, lämpligast, benämna dem enfrågepartier. Sådana partier kan delta i val genom att registrera sig som politiskt parti.

Tecknen är många på att kunskapen hos medborgarna om byggstenarna i den ideologiska plattformarna är bristfälliga. Partierna lyckas dåligt med att berätta om den. Bland konsekvenserna av detta tillkortakommande kan vi se, till exempel, hur en enskild sakfråga från en dag till en annan kan förändra

partiernas stöd i opinionen. En annan konsekvens är en allt mer
spridd uppfattning att "det är ju ingen skillnad mellan partierna".
När media och statsvetare jämför partierna placeras partierna in i
något slag av skala. Vanligast är höger-vänsterskalan.
Var på skalan ett parti placeras beror på vem man frågar. Dock
säger en schablon att marknadsliberalism och kapitalism ligger till
höger och fördelningspolitik och socialism till vänster. Skalan har
stora brister. Ett parti kan anse sig stå för kapitalism och
fördelningspolitik och ett annat för socialism med kapitalistiska
inslag.

Den tvådimensionella skalan är ett försök att korrigera bristerna i
höger – vänsterskalan. En vågrät axel markerar höger – vänster och
en lodrät axel graden av statens kontroll över den enskilda
människan, diktatur högst upp och anarkism längst ner. En tredje
och endast ett fåtal år gammal skala benämns GAL – TAN – skalan.
Den lodräta axeln har GAL i övre änden. GAL står för Grön,
Alternativ, Libertariansk. TAN längst ner står för Traditionell,
Auktoritär, Nationalistisk. Skalorna får anses ha störst betydelse för
statsvetenskapen.

Politik är det möjligas konst

Lobbying

Vid lobbying

- Lyssna
- Be om faktaunderlag
- Kontakta organisation eller företag med alternativ syn
- Redovisa din ideologiska syn

Nationalencyklopedin beskriver lobbying så här: "Lobbying, bearbetning av beslutsfattare för att åstadkomma beslut i en viss riktning".
När det gäller påverkan på politiken och på politiker benämner man verksamheten ibland med public affairs.

På alla nivåer har, förutom enskilda människors kontakter med påverkan på politiker, organisationer och företag bedrivit och intensifierat påverkan genom lobbying.
Begreppet lobbying har av många kommit att förknippas med något tveksamt och fult. Varför? Är det inte positivt att politiker får information och kunskap från just organisationer och företag?
Jovisst, anser nog de flesta. Åtskillnad görs mellan de kontakter och

besök politiker tar initiativ till och de uppvaktningar de är föremål för.
Skillnaden är ibland konstruerad, ibland mycket stor.
Lobbyingen har för många en negativ innebörd.
Anledningen till detta ska sökas, inte hos lobbyisterna utan,
hos politikerna. Grundfelet, som i många fall begås är att efter en
kontakt med en lobbyist politikern inte ser till att kontakta en
"motpol", i syfte att undvika att få en ensidig bild. 00-talet är en fas
med tecken på att politiken påverkas mer än påverkar.
För lobbyinsatser särskilt utbildade personer kan genom
rätt upplagd strategi påverka politiska beslut. Problem uppstår när
enskilda politiker agerar utifrån en särskild uppfattning presenterad i
samband med uppvaktning, utan att söka balansera den mot
motstridig uppfattning. Extra stort problem utgör den lobbying, som
använder sig av "gåvor" av olika slag, sådant, som i juridiken kallas
mutor.
I några länder för man register över lobbyister, som riktar sig till
politiker, dock inte i Sverige. Är ovilligheten i Sveriges riksdag att
reglera lobbyingen genom reglering med hjälp av register och/eller
lagstiftning tecken på undfallenhet.? Eller är ovilligheten en
markering av att friheten är viktigare än risken för att särintressen
gynnas utan medborgarinsyn?

Kraven på politikerna är större i ett system utan reglering.
Med andra ord måste politiker, som blir uppvaktad, ta egna
kontakter med personer, organisationer eller företag med
annan uppfattning. Så kallade lobbyister är oftast väl förberedda
och kan utnyttja svaga politiker i enbart egna syften. Röster höjs då
och då för att förbjuda lobbying.
Problem, förenade med lobbying, förefaller vara störst inom EU-
parlamentet. Lobbyisterna i EU:s lokaler är många.
I mötet mellan lobbyist och politiker har oftast lobbyisten ett övertag
i fråga om kunskaper. Detta problem avhjälps lämpligen genom att
en organisation eller företag med motsatt åsikt får ge sin syn. Hur
man ska gå tillväga måste ingå i en obligatorisk politikerutbildning. I
politikerns agerande måste också ingå att redovisa sin ideologiska
syn.

Förbjuda lobbying, då den bidrar till att öka politikens
kontaktyta, vore fel väg att gå, men det är uppenbart att den, i vissa
fall är förenad med så stora problem att den kan anses innebära
mutor. Att reglera lobbying lagstiftningsvägen torde vara svårt och
knappast önskvärt. Kunskap om hur man använder lobbyistens
budskap torde vara en mer effektiv väg att gå.
De flesta av lobbyisterna är väl förberedda inför ett möte med
politiker. Man utbildas att följa ett visst schema.
Exempel på schema:
* formulera mål för vad som ska bli resultatet av mötet
* vilken eller vilka politiker är viktigast att påverka
* skaffa kunskap om politikerns/politikernas ståndpunkt i
  frågan, formulera förslag till lösning
* sök samarbete med företag/organisation med samma
  uppfattning
* ge beröm
* visa att allmänintresset stärks av förslaget
* visa att förslaget stärker politikerns/politikernas roll

Be om råd, men bestäm själv

Politikerrollen

En förtroendeingivande politiker är en

- Lyssnare
- Kommunikatör
- Person, som står upp för sina ställningstaganden
- Person med kunskap
- Person, som kan medge ändrat ställningstaganden
- Person med ideologisk förankring

I allt politiskt arbete, oberoende av nivå, måste finnas och formuleras värden, som aldrig får göras avkall på. I Sverige är det demokratiska styrelseskicket självklart för de flesta.

Att politiker ska styra är reglerat i grundlag. Det representativa styrelseskicket har vi för att direktdemokrati är svår eller omöjlig att få att fungera. Men, i andra sammanhang än riksdag och fullmäktige kan i många fall det direkta styrelseskicket fungera.

Det finns många sätt att beskriva rollen som politiker på. Först ska åtskillnad göras mellan politisk suveränitet och professionell självständighet. Samtidigt som åtskillnaden görs måste vi se att i den tydliga gränsdragningen ligger också inbyggd en spänning.

Med suveränitet avses den högsta makten, vilken kan ifrågasättas endast i samband med allmänna val. Med professionell självständighet avses den sorts självständighet, som ligger i att anställda experter avgör på vilket sätt det politiska beslutet ska förverkligas. Den spänning, som här finns inbyggd handlar oftast om inblandning av politiken i förverkligandet; oftare än det omvända. Detta får, inte sällan, som följd att inblandningen i styrningen, ger negativa effekter på styrningen genom att gränsdragningen inte upprätthålls. Den lagstiftning, som är avsedd att styra uppdelningen kan i sig vara ett hinder i tydliggörandet. Kommunallagen stadgar att gentemot medborgarna är de valda ombuden, de förtroendevalda, helt ansvariga. Dessa kan med stöd av lagen försvara sin inblandning i verkställigheten. "Vi har enligt lag totalansvaret. "Vad man med detta synsätt missar är att de misstag, som kan undvikas genom inblandningen är försvinnande få, men att oklarheterna i styrningen blir konstant.
Professionens uppgifter är sålunda att
* Verkställa fattade beslut
* Tillämpa gällande regler
* Verka i en organisation inom de politiska ramarna

Motsvarande beskrivning av den suveräna funktionen, förtroendevalda:
* Uppdragsgivarroll
* Myndighetsroll
* Arbetsgivarroll

Att vara förtroendevald innebär sålunda att tillsammans med andra förtroendevalda delta i beslut om
* beslut om skatter och avgifter - mål
* beslut om vilken service, som ska finansieras gemensamt
* beslut om servicens kvalitet - mål
* beslut om servicens kvantitet – mål

* kommunicerandet av beslut
* uppföljning
* utkrävande av ansvar

När målen formuleras är det viktigt att relevanta indikatorer tas fram
för att möjliggöra en meningsfull uppföljning.
Uppföljning och utvärdering ger information, som är viktig för politisk
styrning, kontroll och ansvarsutkrävande, utveckling,
insyn och jämförelse. Målstyrning i stället för regelstyrning.
Inom uppföljningen talar man om reliabilitet, det vill säga, i
vilken grad handlar tillämparen i
enlighet med beslutsfattarnas mening
och om rationalitet, det vill säga, i
vilken grad de genomförda besluten
åstadkommer det resultat som avses.
Politik är att: besluta om skatter och
avgifter, vilken service, som ska
finansieras gemensamt och om kvalitet

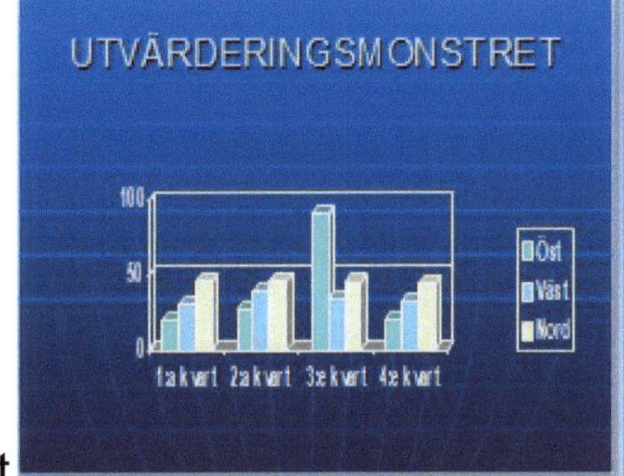

och kvantitet. Politiken ska också kommunicera beslut, följa upp
och utkräva ansvar. Utövandet av förtroendemannarollen
underlättas om man ständigt har klart för sig att man är
medborgarnas förtroendevalda, att man vägleds av ideologi i stället
för ingenjörskonst och att man bygger nätverk oftare än hierarki.
Är då politiker och förtroendevalda synonyma begrepp?
Ja, vanligen. Dock vill jag använda begreppen i olika betydelser.
Politikerrollen innehåller, förutom ovan beskrivna uppgifter för den
förtroendevalda, rollen som partiaktiv. Förtroendevald har uppdrag
givna av väljarna direkt i val eller genom indirekta val av
fullmäktigeförsamling. En förtroendevald utför vanligtvis sina
uppdrag vid sidan av en anställning. Några erhåller uppdrag på
heltid (kommunalråd och regionråd).

Med detta synsätt kan politikern anses ha följande tre roller:
* Förtroendemannarollen
* Rollen som ledare för tjänstemän
* Rollen som partiaktiv

Partierna har ansvar för att de personer, som utses att spela rollerna som förtroendevalda och som politiker är väl skickade att fullgöra sina uppgifter. Vad partierna måste tillgodose är att deras representanter är goda lyssnare, det vill säga, se till att förstå vad som sägs i en medborgardialog och kunna med tydlighet förmedla sin ståndpunkt med anledning av innehållet i dialogen; vara en kommunikatör. Att stå upp för sina ställningstaganden skapar respekt även i fall där ställningstagandetinte överensstämmer med åsikt framförd av den andra parten i dialogen.
Ständig strävan efter ökad kunskap underlättar utövandet.

De sanningar, som vi inte vill höra är nyttigast för oss att lyssna till
(Kinesiskt ordspråk)

Symptom

EU fungerar inte som det var tänkt; att vara en freds- och miljöorganisation. Målen om fred, hållbar utveckling och folkens frihet är alltför avlägsna. Fortfarande finns en del hinder kvar för att de fyra friheterna, fri rörlighet för varor, fri rörlighet för tjänster, fri rörlighet för personer och fri rörlighet för kapital, ska kunna anses vara uppfyllda.

Staten misslyckas med sin, genom lagstiftningen, styrande uppgift. Regionerna och kommunerna lever inte upp till lagkrav på jämlik vård med hög kvalitet respektive jämlik förskola och skola med hög kvalitet.

Kommunerna delegerar allt mer av beslutanderätt till tjänstemän. Det blir allt längre avstånd mellan våra valda representanter i politiska beslutsförsamlingar och medborgarna.

EU – problem

- Brist på insyn
- Brist på kunskap hos medborgarna
- Centralisering
- Oförklarlig sekretess
- Orimligt höga löner
- Odemokratiska beslutsformer
- Detaljreglering
- Tillbaka till ökad nationalism
- Fredsfrågorna på undanskymd plats
- Miljö- och klimatfrågorna på undanskymd plats
- Långt till måluppfyllelse
- Bristande delaktighet

Europeiska unionen är i det närmaste helt anonym för flertalet medborgare. De politiska beslutsfattarna inom unionen befinner sig långt från medborgarna, inte bara geografiskt. Kunskapen hos medborgarna om hur unionen är uppbyggd och fungerar liksom om vilka politiker, som representerar medborgarna är dålig. Många känner till att EU – parlamentet är EU:s riksdag. Men inte så mycket mer.

Härav följer generaliserande kommentarer såsom: en enda stor byråkrati, EU består av en stor samling högavlönade, som inte får mycket uträttat. Europeiska Unionen präglas allt mer av steg tillbaka till ökad nationalism.

De problem, som samarbetet uppvisar är ett hot mot unionen. Då och då höjs röster för att följa Storbritanniens exempel, nämligen att tillgripa utträde som lösning på problem. Synen ändras knappast i positiv riktning när det avslöjas att viss information, som när det gäller riksdagens ledamöter är offentliga, i EU är sekretessbelagda. Inte blir synen mera positiv av medierapportering om långa debatter om frågor, som med fördel kan och bör behandlas av de nationella

parlamenten. Centralisering, detaljreglering, odemokratiska beslutsformer, kunskapsbrister om systemet bland befolkningen och orimliga lönenivåer för både politiker och tjänstemän sammanfattar de största problemen, i allmänhetens ögon. Här ligger problem, som kan komma att utsätta unionen för nya ifrågasättanden liknande brexit.
Men stämmer allmänhetens syn på EU-samarbetet med politikernas egna bilder? Endast till en del. Men när parlamentsledamöter bemöter kritik för att för lite händer, med hänvisning till subsidiaritetsprincipen, eller kritik för att man lägger sig i frågor, som bör ligga hos de nationella parlamenten, med att dessa frågor är få, då har man ett trovärdighetsproblem.

Då fredsskapande är en av unionens huvuduppgifter blir det svårt att se logiken i uttalanden om att freden garanteras bäst genom upprustning, och om att skapa gemensamt EU – försvar.
Förhållanden såsom bristen på gemensamt agerande för att stoppa den pågående miljöförstöringen och bristande förmåga att möta hotet i form av en klimatkatastrof, liksom enstaka medlemmars bristande vilja att anpassa det egna styrelseskicket till ett demokratiskt frestar på sammanhållningen.
Ett viktigt samarbete mellan nationer riskerar att slarvas bort genom om man inte lyckas i handling leva upp till mål, som man enats kring. Inslagen av nationalism är en försvårande faktor.

Statliga styrningsproblem
- Lagar stiftas utan strategi för tillämpningen
- Regionala statliga förvaltningen ålderdomlig
- Parallella system inom skola skapar oklarheter
- Anonyma rikspolitiker
- Alltför få medborgarkontakter
- Oklar ansvarsfördelning
- Bristande delaktighet

33

De valda representanterna på riksnivå, riksdagsledamöterna, framträder under valrörelserna på olika sätt och flitigt för att sedan bli anonyma.

Visst är de flesta ledamöter angelägna om att upprätthålla kontakten med organisationer, företag och enskilda människor. Riksdagsuppdraget med inläsning av handlingar, utskottsmöten, gruppmöten och så vidare tenderar emellertid att sudda ut rollen som medborgarombud. Bristande delaktighet leder till misstro. Dilemmat ses av de flesta politiker, men få tycks lyckas lösa det.

Det tillkommer mellan 300 och 400 lagar per år. Dessa är fler än de som tas bort. Har samhället blivit bättre som en följd av fler lagar? Skulle vi haft ett sämre samhälle utan de allt flera lagarna? Jämlikheten på skolområdet är bara en vision och inom även sjukvården finns vad många anser vara oacceptabla skillnader mellan olika delar av landet, trots lagstiftning om motsatsen. Staten har ansvaret, men har inte lyckats leva upp till det.

Den här utvecklingen måste brytas. Gemensamt för alla lagar, förordningar och regler är att att den som fattar beslutet måste anses ha ett ansvar för att lagarna, förordningarna och reglerna efterlevs.

Staten brister å det grövsta härvidlag. Lagar som inte tillämpas utgör ett problem i det att dessa bidrar till att skapa en nonchalant inställning till rättssystemet. När Skollagen inte efterlevs, på grund av att staten inte har skaffat sig verktyg eller på grund av att staten inte vet hur man använder sina egna verktyg förloras betydelsen av lagen.

De två parallella skolsystemen bidrar till oklarheter. Friskolesystemet är statligt, i det att det är staten, som ger friskolorna tillstånd och därmed har ett tillsyns- och uppföljningsansvar delat med kommunerna.

Statens brister i sin styrning uppmärksammas sällan eller aldrig av politiker. Statliga styrningsproblem är både ett demokratiskt och ett effektivitetsproblem.

Statens misslyckande med styrningen, av till exempel skola och sjukvård, är tillkortakommanden, som för en del politiker motiverar

förstatligande av daglig drift av dessa verksamheter. Resonemanget
ger inte intryck av logik. Staten har ett stort antal verk för central
styrning och länsstyrelser för styrning regionalt. De statliga verkens
medverkan är i samband med utformandet av en proposition om ett
lagförslag liten. Om ett verk efter riksdagens antagande av en lag
ska se till att få genomslag för lagen, men inte kunnat påvisa att
verktyg inte går att få fram, har man skapat ett problem. Otydlighet
beträffande var ansvaret ligger är ett problem. Tydlighet om att
ansvaret ytterst är politiskt saknas.

Staten regionalt, länsstyrelserna, fungerar i hög grad som
fristående myndigheter med en landshövding som chef. Denna
ordning medför att samordningen från statlig nivå är svag.

Regionala styrningsproblem
- Antalet styrdokument orimligt stort
- Styrdokument används inte
- Verksamhetsrapporter används inte som underlag för debatt
  och politiska beslut
- Rapporter läggs till handlingarna utan debatt
- Demokratifrågor allt mindre viktiga
- Stort antal regionråd
- Feltänkt ledningsorganisation
- Diffus politisk ledning
- Parallella system inom primärvården försvårar planering
- Bristande delaktighet
- Oklar ansvarsfördelning

Regionerna styrs inte av dess politiker. Både verkligheten
och statsvetenskaplig forskning visar att den politiska styrningen av,
tidigare landstingen och nu, regionerna, är nästan obefintlig. I media
är det ofta tjänstemän, som uttalar sig, i även frågor av politisk art.
Detta trots att antalet heltidsarvoderade regionråd i vissa regioner är
stort. På primärvårdsområdet finns, liksom på skolområdet, ett vid-
sidan-om-system i form av fri etablering av vårdcentraler. Rätten till

etablering av vårdcentraler och skyldigheten för landsting och regioner att finansiera dessa skapar planeringsproblem och riskerar att resurser inte används på det mest effektiva sättet. Rätten att etablera vårdcentral riskerar att leda till att etableringen styrs av ekonomiska intressen mer än av var behovet av vårdcentral är störst.

Hälso- och sjukvårdslagen stadgar att sjukvården ska vara jämlik. Ojämlikheten är påfallande. Statens misslyckande är här, om möjligt, ännu större än på skolområdet.

Inom regioner är styrningsproblemen särskilt framträdande. Planer och policydokument följs inte upp av de organ, som antagit dem. Antalet mål- och policydokument är stort, men används i liten omfattning. Om det i en region finns många sådana dokument tänkta att styra sjukvården, blir dessa trubbiga verktyg. Tycks finnas en tro på att bara tillkomsten av ett styr- eller policydokument åstadkommer en påverkan på verkligheten.

I formulering i rapport från politiskt organs möte kan man läsa om, till exempel: sjukhuset överskrider budget med, X miljoner kronor. I den informationen finns ett dubbelfel. I relationen till oss medborgare är det inte en förvaltning, som överskrider utan ett politiskt organ. Det är en nämnd eller styrelse, som inte fullgör sin uppgift. Det andra felet är att konstaterandet är just bara ett sådant. Det följs inte av vare sig beslut om åtgärd eller beslut om uppdrag i syfte att undanröja obalansen. Till detta kommer att obalansen sannolikt visat sig redan vid tidigare uppföljningar.
När politiska organ ger uppdrag till anställda experter att vidta vissa åtgärder med anledning av obalanser är uppdragen så oprecisa att ett fullgörande inte blir följden. Vid nästkommande möte med det politiska organet ny rapport, utan politiska ställningstaganden om undanröjande av obalansen.
Det finns förhållanden som motiverar organisatoriska förändringar, men som inte kräver stora utredningar. Vid ett visst, stort, sjukhus utgörs ledningen av en sjukhusdirektör, en biträdande och tjugofyra

underställda chefer. Tjugofyra! Den gruppen kan omöjligen skapa
någon dynamik, utan bidrar snarast till en förlamning. Trots många
konsultutredningar har man inte ifrågasatt denna ordning.

Cirka 110 000 personer råkar årligen ut för en vårdskada och av
dessa dör cirka 1400 av vårdskador, som kunde ha undvikits. Ett
sjukvårdssystem med dessa problem, kan inte göra anspråk på att
vara världsbäst. Det är inte ovanligt att den kunskap, som ges av
anmälningar till patientnämnderna, inte förs vidare till
regionstyrelserna och fullmäktige. Det är heller inte ovanligt att
patientsäkerhetsberättelsen till fullmäktige läggs till handlingarna
utan föregående debatt.
Styrdokument för undvikande av vårdskador finns på både
nationell och regionnivå. Kraften i styrningen med hjälp av dessa
dokument förefaller emellertid vara svag.

Kommunala styrningsproblem

- Politikermisstro
- Brist på dialog
- Krånglig byråkratisk apparat
- Tjänstemannastyre
- Oklar chefsroll
- Låg påverkansgrad
- Dålig kraft i styrningen
- Begränsad kommunal självstyrelse
- Stort antal kommunalråd
- Bristande delaktighet
- Oklar ansvarsfördelning

Kommunerna fattar beslut om begränsningar av hastigheter i
trafiken. Efter att beslut fattats konstaterar Polisen att den inte
kommer att bevaka efterlevnaden. Följden blir ständiga
hastighetsöverträdelser.

Jämlikheten på skolområdet är bara en vision, liknande situationen inom sjukvården. Många anser skillnaderna mellan olika delar av landet oacceptabla, trots lagstiftning om motsatsen. Staten har ansvaret, men har inte lyckats leva upp till det.

Ojämlikheter finns mellan landsdelar, mellan olika skolor och mellan kommunalt drivna skolor och friskolor. I lagen sägs också att skolan ska vara ickekonfessionell. Vi ser här ett stort statligt misslyckande. Vilken roll har kommunerna när det gäller friskolor? Tillsynen och godkännandet av friskolor ska åvila staten. Misslyckad statlig styrning och ett skolsystem vid sidan av det kommunala innebär problem.

Även på den kommunala nivån finns tecken på ökat avstånd mellan de förtroendevalda och medborgarna. Komplexiteten i och mängden av frågor att hantera tvingar de kommunala nämnderna till delegering av beslutanderätt till experter med den följden att medborgarnas valda representanter fjärmas från frågorna. Här finns också en tro på att sociala medier skapar närhet. Facebook- och Twitterinlägg gjorda av politiker läses dock av, främst, andra politiker.

Ett tecken på minskande intresse för demokratifrågorna är delegering till tjänstemän. Ett delegationsbeslut kan inte av ansvarigt politiskt organ ändras utan att man återkallar delegationen. Detta medför att medborgare, som kontaktar ansvarig nämnd, möts med endast beskedet att beslutanderätten är delegerad. Stor omfattning av delegering medför att nämndernas roll minskar. Politiken flyttas i allt mer till kommunstyrelsenivån, vilket ytterligare minskar nämndernas betydelse. Ofta tillgrips omorganisation som ett verktyg för att komma åt styrningsproblem. Inte sällan görs förändringar så krångliga att inte ens beslutsfattarna själva förstår innebörden av dem. Ett sådant exempel är styrningsformen beställa-utföra. Vissa nämnder har till uppgift att beskriva vad som ska utföras och andra har ansvar för utförandet. I en lokalradiointervju ställdes en politiker inför en fråga, som rörde den dagliga driften. "Jag är beställarpolitiker, så det kan jag inte svara på." Hur tänkte medborgarna när man hörde detta? Få visste vad en beställarpolitiker är. I en utvecklad demokratisk organisation är organisationen tydlig för medborgarna. Dock är inte ovanligt att medborgarkontakt uteblir på grund av brist på kunskap om hur man hittar fram i byråkratin.

Det finns i en del kommuner en tendens till att skapa paralleller till nämnderna. Det kan handla om, till exempel, råd inom olika sektorer med syftet att skapa arena för samråd mellan organisationer och politiken. Råden består då av organisationsrepresentanter och politikerrepresentanter från nämnder inom viss sektor. Dock finns ibland en övertro på den sortens organ. Samrådet inom råden stannar lätt i ett protokoll, utan att få en politisk behandling av väckta frågor.

Ett annat vanligt sätt att dölja brister i nämnders kontakter med medborgarna är tillsättningar av vad som ibland benämns ombudsmän. En, till exempel, äldreombudsman tillsätts för att ge seniorer någon att vända sig till. Men, det finns alltid ett ansvarigt politiskt organ med en förvaltning. Ska kommunmedborgaren vända sig till äldreombudsmannen eller till ansvarig nämnd med sin fråga? Svaret borde vara ansvarig nämnd. Den ökade otydligheten i politiken har gått hand i hand med minskat politiskt ansvarstagande. Vem har ansvaret?

Tjänstemannaorganisationen har fått allt oftare stå till svars inför medborgarna, vilket i sin tur lett till att röster då och då har höjts för att i lagstiftningen införa tjänstemannaansvar. Bristen på kunskap hos väljarna får konsekvenser i form av röster, som höjs för att helt flytta ansvaret från politikerna till anställda experter. Politikerna har misslyckats med sin kunskapsgivande roll. Häri ligger en stor fara för demokratin. Vi kan se tydligt hur kunskapen hos oss medborgare om fattade beslut liksom om debatten innan beslut fattas är sämre ju högre upp i beslutsnivåerna vi kommer.

Brister i styrningens effektivitet angrips, inte sällan, med att politiker pekar på organisatoriska förändringar och förstatligande som lösningar. I sammanhanget lurar man sig själva med att om ett ansvar ligger på nationell nivå fördelas ansvaret lika över landet.

Den som redan bestämt sig tål inga goda råd (Portugisiskt ordspråk)

Politikers egna recept

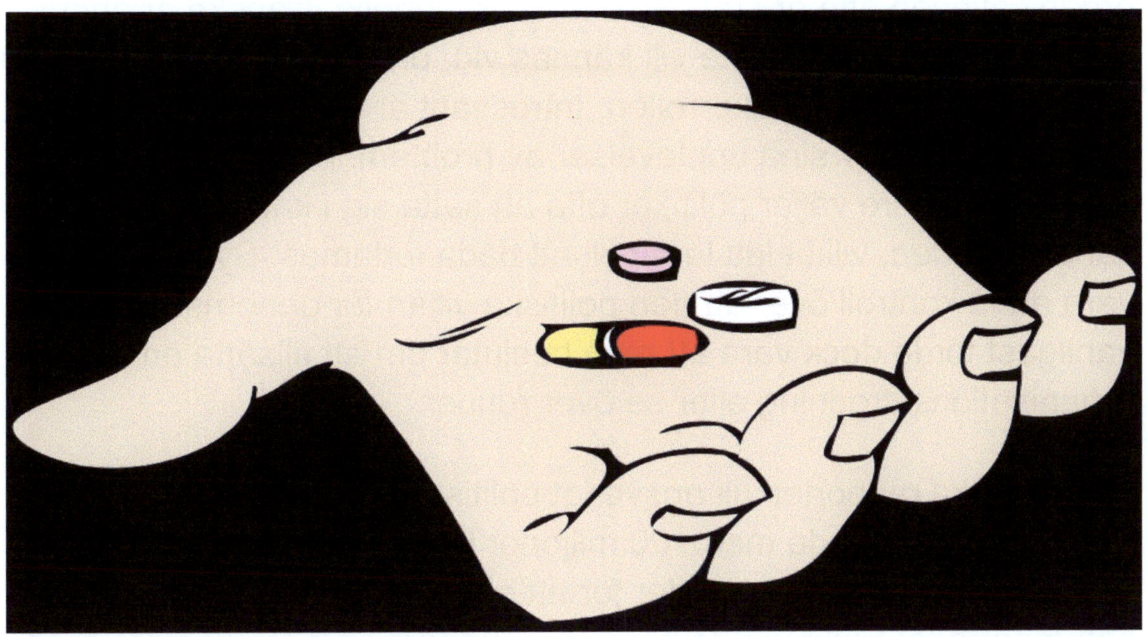

<table>
<tr><td>

Politikerutfärdat recept

- Omorganisera
- Se över rutinerna
- Se över reglerna
- Föra över ansvaret till annan
- Hänvisa till att tjänstemännen tagit över
- Statens brist på ansvarstagande
- Staten lägger sig i för mycket

</td></tr>
</table>

Subsidiaritetsprincipen gäller ju i EU. Freden garanteras bäst genom upprustning. Skapa gemensamt EU – försvar. Den pågående miljöförstöringen och hotet i form av klimatförändringar kan inte stoppas om inte de andra är med och tar sitt ansvar. Detta några vanliga bemötanden av kritik för att alltför lite uträttas inom EU.

Politiska beslutsfattarna är för det mesta fullt medvetna om vad som inte fungerar eller fungerar dåligt. Man är medvetna om att kontakten med medborgarna borde förbättras. Man upplever den dåliga kraften i styrningen. Det är inte heller obekant att organisationen ofta är krånglig och svårbegriplig. Kanske är ännu värre de problem man inte vill kännas vid, problem, som har att göra med utövandet av politikerrollen. Intressant är då vilka slutsatser politikerna drar av sina upplevelser av problem. I stället för att göra rollerna tydligare väljer politiker ofta att sätta sig i knäet på tjänstemännen, vilket lätt leder till att båda förlamas. Syftet tycks vara att få kontroll över att den politiska viljan får genomslag. Allra vanligast torde dock vara att man beslutar om att tillsätta en organisationsutredning eller se över rutiner.

Ekonomiska rapporten till ansvarigt politiskt organ visar budgetöverskridande med 100 miljoner kronor. Sjukhusdirektören får i uppdrag att vidta åtgärder för att eliminera underskottet. Nästa sammanträde: Sjukhusdirektören får i uppdrag att återkomma med en rapport om orsakerna till obalansen.
Även regeländringar är vanlig åtgärd, med motiveringen att reglerna inte fungerar. Inte heller ovanligt att hänvisa till att någon opåverkbar kraft ligger bakom.

Förändringar av statens roll är ständigt återkommande ordination. Från tid till annan handlar den om att staten inte tar det ansvar den har för att i annat sammanhang handla om att statens styrning är en hämsko. Men, även förslaget att staten bör ta över är vanligt. Staten måste se över lagstiftningen. Lagrådet ska nu granska förslaget. Förslaget ska ut på remiss.
Alla dessa mediciner är lättillgängliga. De finns överallt. Huruvida en sjuk patient botas av dem framgår av nästa kapitel.Omorganisera, lagstifta och utreda är de vanliga åtgärderna när brister i offentlig verksamhet uppstår. Det förefaller också finnas en tro hos våra beslutsfattare på att själva tillkomsten av en lag förändrar verkligheten.

Den oskicklige smeden klandrar järnet (Dante)

Diagnos och behandling

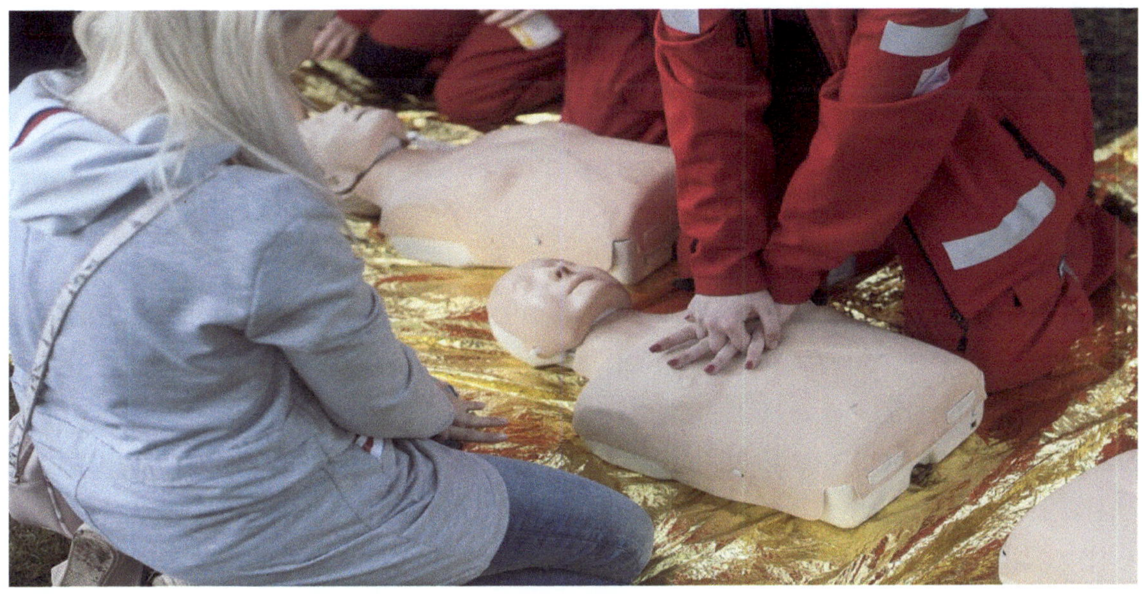

Till alla politiker
Tre värden

- Medborgarinflytande
- Åsiktsrepresentativitet
- Beslutsförverkligande

Medborgarnas känsla av bristande delaktighet i samhällsfrågor är ett demokratiskt problem. Känslan av brister i inflytande är stark hos medborgarna. Missnöje beskrivs inom statsvetenskapen som skillnaden mellan det förväntade och det faktiska.

Många är tecknen på att ju närmare en medborgare kommer en politiker desto mindre blir misstron. Brist på delaktighet skapar misstro. Genom dialog mellan medborgarna och politikerna stärks tilliten till det politiska systemet och därmed demokratin. Dialogen får olika inriktning beroende på den ideologi politikerrepresentanten i dialogen står för. Dialogen bör innehålla berättelsen om partiets ideologiska plattform och ett aktivt lyssnande från politiskt håll om förslag på konkreta åtgärder. Dock inte bara detta. I dialogen bör framgå vad det aktuella partiet ser som realistiskt mot bakgrund av berättelsen om ideologisk plattform. Det bör också framgå att på vägen till beslutsfattande är kompromisser i olika sakfrågor ett viktigt instrument. Båda parter i dialogen måste vara införstådda med att dialog inte är detsamma som att av politiken "beställa" ett visst beslut.

Medborgarna vill också ha en upplevelse av att valda representanter för det parti man röstat på står för de åsikter, som partiet framfört i en valrörelse. För medborgarna är åsiktsrepresentativiteten viktig. I de avseenden en enskild politiker i en konkret politisk fråga avviker från partilinjen är det viktigt att vederbörande gjort avvikelsen tydlig för medborgarna innan man valdes. Görs detta tydligt torde bristen på åsiktsrepresentativitet inte vara negativ vare sig för den enskilde politikern eller för partiet.

Ett tredje värde för relationen medborgare och valda är i vilken grad ståndpunkter förverkligas. Vart tog beslutet vägen? Tilltron till vårt system skadas när beslut fattas, men förverkligande inte sker.

Till Europaparlamentarikerna

- Agera för att få till stånd utredning om formerna för att göra EU mer öppen
- Agera för att få till stånd en utredning om hur de nationella parlamenten kan ges större inflytande på beslutsfattandet i Europaparlamentet
- Kräv avskaffande av sekretessbeläggningen kring ekonomiska ersättningar
- Förbättra informationen till och samrådet med medborgarna
- Sprid kunskap om unionen
- Koncentrera politiken till kärnuppgifterna
- Minska byråkratin
- Tygla nationalismen
- Tygla marknaden
- Säkra rättsstaten

Budskapet till svenska medborgarna om att EU behövs måste bli tydligare. Budskapet till övriga medlemmar måste vara: tillsammans förbereder vi för fred och tillsammans skapar vi en hållbar miljö. Så länge EU inte kommit längre än man för närvarande gjort må man lämna till unionens medlemmar många andra frågor, som man ägnar sig åt.

För att lösa problem med, främst, rådande ofred, miljöförstöring, klimatförändringar och integration är nödvändigt att länder kan finna former för samarbete. Europeiska unionen är en sådan form. Enighet måste skapas kring mål om att tygla nationalismen, att tygla kapitalismen och att säkra rättsstaten.

Europeiska unionen måste, inte minst för att undvika att man i fler länder börjar ifrågasätta medlemskapet, bli en öppnare organisation. Många åtgärder är möjliga och bör vara okomplicerade att vidta. De nationella parlamentens roll i frågor, som beslutas av Europaparlamentet är starkt begränsad. I dessa frågor finns starka argument för att utreda.

Enda vägen för att avhjälpa problemen är att lösa dem, inte att fly från dem. Kan man ge nationella parlamenten förslagsrätt till Europarlamentet? Kan man se till att förslag, som EU-parlamentet föreläggs av dess tjänstemän, innan beslut fattas, debatteras i de nationella parlamenten? Kan ministerrådet ges möjlighet att lägga förslag till både EU-parlamentet och de nationella parlamenten? Utredningsuppdraget kan vara att just klara ut hur ökat inflytande från nationella parlamenten kan tillgodoses och hur dessa kan fylla funktioner som nu åvilar sidoorgan till Europaparlamentet.

Många exempel finns på att det är nationalstaterna, som representerar krigskultur. Men, då kan man inte samtidigt låta retoriken domineras av uttalanden om att rusta för krig. utan budskapet till övriga medlemmar måste vara: tillsammans förbereder vi för fred och tillsammans skapar vi en hållbar miljö. Så länge EU inte kommit längre än man för närvarande gjort må man lämna andra frågor till medlemmarna. Man kan också bidraga till en global fredskultur genom att utveckla vänortskontakter, utbytesresor och en kooperativ turism.

Den sekretessbeläggning, som präglar unionen i en del avseenden, måste upphöra. Tilliten skadas av nuvarande ordning. Varför är öppenheten om ekonomiska ersättningar till EU-parlamentarikerna inte lika självklar som för öppenheten om riksdagsledamöters ekonomiska förmåner?En grundförutsättning för att kunna skapa förtroende är att medborgarna har kunskap om uppbyggnaden och om hur beslut fattas.

Till riksdagsledamöterna

- Bevaka att lagförslag som föreläggs riksdagen alltid åtföljs av en strategi för dess förverkligande
- Ta initiativ för överförande av primärvården till kommunerna
- Bevaka att daglig drift inom välfärdspolitiken helt åläggs kommunerna
- Ta initiativ till bildande av kommunalförbund till vilka överförs ansvaret för driften av sjukhus och kollektivtrafik
- Förbättra informationen till och samrådet med medborgarna
- Arbeta för att staten koncentrerar sig på styrning av välfärden
- Ifrågasätt ett skolsystem och ett primärvårdssystem vid sidan om de offentliga
- Vidta åtgärder för att tydliggöra ansvaret

Statens främsta uppgifter måste vara att svara för en styrning nationellt och att stödja regioner och kommuner i deras fullgörande av sina uppdrag. I samband med utredning, som ligger till grund för beslut om lag måste klaras ut hur man ska få efterlevnad. Man bör väl rimligen inte kunna lagstifta om man inte vet hur det som sägs i lagen blir verklighet.

Ansvarsuppdelningen mellan regering, enskild minister och verk och myndigheter måste bli tydligare än den är nu. En minister får fatta beslut om endast frågor, som rör det egna departementet; alltså inte detaljstyra myndigheterna. Det är sålunda regeringen, som har det formella ansvaret. En förändring av Regeringsformen i syfte att ge enskild minister ökade beslutsbefogenheter skulle kunna skapa ökad tydlighet. Mot detta står att politiska beslut i allt väsentligt fattas kollektivt. Ministerstyre försvårar strävan efter en sammanhållen politik. Nuvarande ordning innebär viss otydlighet om var ansvaret ligger. Förenklat kan sägas att ökad tydlighet åstadkoms genom antingen införande av ministerstyre eller förbättrad information om svenska systemet med kollektivt ansvar. Åtgärd i en eller annan riktning är angelägen. Dock talar nackdelarna med ett införande av ministerstyre mot en förändring av Regeringsformen i detta avseende.

På områden med statligt driftansvar erfordras förbättrad tydlighet och förbättrat samarbete med kommuner och regioner. Ett exempel är persontransporter på järnväg. Man kan fråga sig varför staten inte genom Trafikverket, och, i många fall, i samarbete med regionala trafikhuvudmän, tar ett helhetsansvar innebärande upphandling och avtalstecknande med varje operatör, det vill säga SJ och privata företag, om inte endast upplåtande av räls utan om även transporterna och dessas kvalitet och kvantitet och om ekonomisk ersättning. Ett annat exempel är polisverksamheten. Regioner och kommuner fattar beslut vars efterlevnad kräver polisinsatser. Inte sällan förklarar staten emellertid att det inte finns möjligheter att kontrollera efterlevnaden. I sådana fall bör beslut av kommuner och regioner inte fattas.

En ny översyn av Regionernas roller är motiverad. Ansvaret för den dagliga driften av välfärden torde med fördel kunna läggas hos kommunerna med primärvården i en första etapp. Inom sektorer såsom specialistsjukvård och kommunikationer krävs att planering, beslut och dagliga driftfrågor omfattar större geografiska områden än vad kommunerna utgör. En angelägen översyn måste beskriva lämplig form för kommunförbund inom dessa sektorer. Sjukvårds- och kommunikationssektorer, som knappast i något fall skulle komma att sammanfalla.

Systemet med rätten att starta friskola respektive vårdcentral, med givna förutsättningar, kan med fördel överföras till kommunerna respektive regionerna att besluta om. Det måste ankomma på kommunerna och regionerna att besluta om eventuell upphandling av externt utförande.

Till region-och kommunpolitikerna

- Ifrågasätt vissa sammanträden
- Inbjud er till sammankomster med organisationer
- Besök företag
- Avsätt tid för "Tala med"
- Motionera om avskaffande av onödiga politiska organ
- Motionera om öppna nämndsammanträden
- Tala klartext
- Förbättra informationen till medborgarna
- Låt bli stora omorganisationer.
- Ändra det som är fel
- Dynamiska ledningsgrupper
- I fullgörandet av förtroendemannauppdraget koncentrera på
  målformulering
  uppföljning
  beslut med utgångspunkt från uppföljningen
  utkrävande av ansvar
- ta fram indikatorer för måluppföljningen
- Utveckla användningen av sociala medier till att nå bredare än för närvarande

Kommunerna har visat sig vara den del av offentlig sektor, som bäst uppfyller krav på demokrati och effektivitet, trots ibland stora brister även där. Det är på kommunal nivå, som framsteg i fråga om utveckling av demokratin kan nås. Staten måste alltså koncentrera sig på att få genomslag för lagar och förordningar. Ingen lag får stiftas utan att det klargörs hur lagen ska få genomslag. En

kommunreform där kommunerna blir ansvariga för daglig drift av all offentligt finansierad välfärd, där antalet kommuner minskas och där många kommuners storlek följaktligen ökas är central i en kommande effektivisering av styrning av svensk välfärd. När problem med styrningen blir tydliga söker politiker ofta sätt att angripa symptomen på, men sällan angripa sjukdomen.
Rimligt vore att se kommunerna som den naturliga arenan för all offentlig verksamhet. Vissa verksamheter inom offentlig sektor behöver planeras inom geografiska områden, som inte följer uppritade gränser, och som från tid till annan behöver ändras. Främst gäller detta specialistsjukvården och kollektivtrafiken.

Staten måste ges ansvaret att besluta om indelning i sådana områden, samverkansregioner. En samverkansregion för sjukvården torde i få fall få samma geografiska omfattning som en dito för kollektivtrafik. Staten måste alltså koncentrera sig på att få genomslag för lagar och förordningar, och på att skapa samverkansregioner på områdena specialistsjukvård och kollektivtrafik. En kommunreform där kommunerna blir ansvariga för offentligt finansierad verksamhet, där antalet kommuner minskas radikalt och där kommunernas storlek följaktligen ökas är central i en kommande anpassning av styrning av svensk välfärd.

Konkurrens och möjligheter för brukarna att själva välja leverantör av den offentliga tjänsten kan bidra till att till nya lösningar arbetas fram. Dock gäller att kommunen tecknar avtal, som möjliggör ett ansvarsutkrävande, och att ansvar utkrävs.

Vid ett av de stora sjukhusen utgörs ledningen av en sjukhusdirektör, en biträdande sjukhusdirektör och tjugofyra underställda chefer. Tjugofyra! Den gruppen kan omöjligen skapa någon dynamik. Den gruppen bör bestå av inte fler än tio.
Styrdokument för undvikande av vårdskador finns på både nationell och regionnivå. Antalet mål- och policydokument är stort i de flesta kommuner och regioner. Med stort antal dokument blir dessa trubbiga verktyg eller, på grund av mångfalden, inte används.

Det är på kommunal nivå, som framsteg i fråga om utveckling av demokratin kan nås. Framstegen nås genom att politiker har täta kontakter med organisationer och företag, avsätter tid för "tala med kommunmedborgare", inför öppna nämndsammanträden och förbättrar informationen till kommunmedborgarna.

Antalet sammanträden tenderar i många fall till att bli stort. En fråga, som alltid bör ställas är: behövs detta sammanträde? Vore det mer meningsfullt att avsätta ett par timmar för samtal med kommunmedborgare?

När problem med styrningen blir tydliga söker politiker ofta sätt att angripa symptomen på, men sällan angripa sjukdomen.

En kommunreform där kommunerna blir ansvariga för offentligt finansierad verksamhet, där antalet kommuner minskas radikalt och där kommunernas storlek följaktligen ökas är central i en kommande anpassning av styrning av svensk välfärd.

Alla tar emot goda råd, utom de, som bäst behöver dem (Tyskt ordspråk)

Politikerutbildning

På alla beslutsnivåer är bristerna i den politiska styrningen
stora. Tydligast visar sig bristerna inom landsting/regioner där
styrningen är näst intill obefintlig. Partierna måste ta ett ansvar för
att se till att deras representanter koncentrerar sig på att renodla
politikerrollen.
Innan partiernas representanter besätter politiska
förtroendeuppdrag måste kravet vara genomgången
politikerutbildning.
Den nödvändiga förändringen av politikerrollen till att vara
målangivaren, uppföljaren, ansvarsutkrävaren och
medborgarrepresentanten kommer inte av sig själv. I utbildningen
måste ingå analys av problem i styrningen, lämpligen med
utgångspunkt från punkterna i avsnittet Symptom. Huvuddelen av
utbildningen måste ägnas åt att diskutera frågor såsom i avsnittet
Diagnos och behandling.

Förändringen måste åstadkommas genom en obligatorisk utbildning
för alla förtroendevalda politiker. En utbildning för alla
förtroendevalda är en nödvändighet. I utbildningen måste ingå även
mötesteknik. Se bilaga.
Det är de som valt att företräda partierna, som måste utbildas.

Intresset för partierna ökar om den politiska styrningen blir tydligare och det demokratiska inflytandet bättre. Det är just om vad politisk styrning ska innebära, som en utbildning ska handla.
När politiker lär sig att ägna sig åt politik torde intresset för att ta på sig politiska uppdrag öka.

En politikers egenskaper har, enligt gjorda undersökningar, stor betydelse för framgång i utövandet av politikerrollen. Mest nämnda egenskaper är seriös, ärlig, lyhörd, ödmjuk, rakryggad och ideologisk.

Det är genom utbildning av personer nominerade till uppdrag, som politiken ska renodlas och göras tydlig, vilket leder till ökat intresse.

Klaga inte över för lite vind – lär dig segla. (Svenskt ordspråk)

Bilagor

Ur egen debattartikel
"Vårt lands skolor har befunnits, i flera på varandra genomförda undersökningar, vara i kris.
Sjukvården ses av en majoritet av svenskarna som den viktigaste politiska frågan.
Rapporterna om problem inom Polisen har varit många under de senaste åren.
Problemen bör ses både mot bakgrund av en välfärd, som är en av världens mest utvecklade, och mot bakgrund av bristerna.
Riksdagen stiftar lagar. Staten har sålunda ansvar också för att implementera lagarna. Lag finns om, till exempel, jämlik skola och jämlik sjukvård.
Vanliga åtgärder inom offentlig sektor, när brister blir påtagliga, är att tillsätta organisationsutredningar. Sällan frågar sig ansvariga politiker huruvida det kan finnas brister i ledning och styrning.
Staten har, genom riksdagen, ensam ansvar för lagstiftning, utfärdande av förordningar och kontroll av dessas efterlevnad. På nationell nivå måste gälla att varje beslut om en lag eller förordning måste leda till en tydlig strategi för hur staten ska få genomslag för lagen i fråga. Staten måste alltså koncentrera sig på att få genomslag för lagar och förordningar. Ingen lag får stiftas utan att det klargörs hur lagen ska få genomslag. En kommunreform där kommunerna blir ansvariga för all offentligt finansierad välfärd, där antalet kommuner minskas och där många kommuners storlek följaktligen ökas är central i en kommande effektivisering av styrning av svensk välfärd."

Mötesteknik
Vid möten där beslut ska fattas utses mötesfunktionärer.
Ordföranden leder mötet
Sekreterare skriver protokollet
Justeringspersoner granskar sekreterarens utkast till protokollet
Rösträknare (vid större möten) utses för att räkna röster vid votering
Inför ett beslutsmöte skickas kallelse och dagordning, vanligtvis, ut i förväg. Under mötet ska ordförande hålla ordning på vilka som begär ordet.
När en fråga har diskuterats färdigt, frågar ordförande om mötet är redo för att gå till beslut och läser upp de olika förslag som framkommit.
När ordförande ställer de olika förslagen mot varandra kallas det för att ställa proposition.

När mötet är redo för att fatta beslut, görs detta oftast med acklamation, dvs med ja- och nejrop.
Om det visar sig att mötet inte är enigt när beslut ska fattas, sker oftast en omröstning som kallas votering. Vem som helst av deltagarna vid mötet kan ropa "votering" om man anser att ordföranden inte har uppfattat röstningen korrekt.
En votering kan genomföras på olika sätt. Det vanligaste är att ordförande föreslår en försöksvotering med handuppräckning. Detta innebär att deltagarna istället för att ropa ja eller nej, räcker upp handen när ordförande frågar om de olika förslagen.
Oftast kan det vara lättare att avgöra vilket förslag som har övervikt då. Skulle någon deltagare fortfarande inte var nöjd med ordförandes beslut, kan man återigen ropa votering och denna gång sker det med rösträkning. Deltagarna räcker återigen upp händerna för det förslag de vill ska vinna, och rösträknarna som utsetts räknar då dessa personer.
Det finns även något som kallas för sluten omröstning och det innebär att varje mötesdeltagare skriver sitt beslut på en lapp som sedan räknas samman av rösträknarna. Sluten omröstning används oftast vid personval då det finns fler kandidater än vad som ska utses. Man kan också

använda sig av sluten omröstning om det är en fråga som man inte öppet vill visa sitt
ställningstagande i.
Om en person på mötet vill ta upp en praktisk fråga som inte har med diskussionen om
sakfrågan att göra, kan denna person begära ordningsfråga och därmed bryta talarlistan. En
ordningsfråga kan till exempel handla om att man vill ge en sakupplysning, att man vill att mötet
ska ta en paus eller kanske till och med om att man inte tycker att ordförande leder mötet på ett
korrekt sätt.

Om att bli politiker"

Kan användas som studiematerial i studiecirklar eller som underlag för
gruppsamtal."Boken behandlar frågeställningar, i femton steg, på vägen
till politiskt engagemang.
Boken ger också stöd för enskilda tankar kring vad som är viktigt för att
på ett framgångsrikt sätt axla ett politiskt ansvar. Författaren tar ingen
partipolitisk ställning.
Pris: 27 kr (Porto tillkommer)
Rekvireras: harald.nordlund@gmail.com
Harald Nordlund har femtio års erfarenhet av politiskt arbete, därav
fjorton på heltid som kommunalråd och riksdagsledamot. Som fritidspolitiker har han innehaft
ett stort antal nämnduppdrag.
I partiorganisation har han haft ledande uppdrag i såväl ungdomsorganisation som på lokal och
regional nivå. Harald Nordlund är född i den norrbottniska byn Pålänge. Sedan mitten av 1960-
talet är han Uppsalabo.